DOLF VERROEN

Traumopa

DOLF VERROEN

Traum opa

Mit Illustrationen von
CHARLOTTE DEMATONS

Aus dem Niederländischen von
Rolf Erdorf

Verlag Freies Geistesleben

Weil meine Eltern eine Woche fort sind, wohne ich bei Opa und Oma.

Ich befürchte, ich bin zu viel und stehe im Weg, denn heute Nacht ist Opa gestorben. «Einfach so», sagt Oma. «Er hat mich wachgestupst, sah mich an und war tot.»

Den ganzen Morgen telefoniert sie schon und regelt irgendwelche Dinge.

Ich will zu ihm, ihn sehen, aber ich darf nicht.

«Dafür bist du noch zu jung», sagt Oma. «Der Tod ist etwas für alte Leute, nicht für Kinder.»

Ich bin fast zehn, also wirklich.

Es klingelt.

«Der Bestatter», sagt Oma und geht schnell zur Haustür.

Es ist die Nachbarin.

Oma macht im Flur die Tür hinter sich zu, und es wird ein langes Gespräch. So lange, dass ich die Treppe hochschleiche, zu Opa.

Er liegt auf seiner Seite des Betts. Die Augen geschlossen, die Hände gefaltet über der Bettdecke.

Ich habe viel über tote Menschen gehört. Ich weiß, dass sie blass sind, sich nicht mehr bewegen und kälter sind als Eis.

So kalt ist Opa nicht.

Er ist auch nicht unheimlich, nur sonderbar.

Sein Mund lächelt ein wenig, als hätte es ihm gefallen zu sterben.

Sehr tot sieht er nicht aus; eher so, als würde er schlafen.

Und doch.

Auf einmal weiß ich, was genau ich sehe: Er träumt nicht mehr.

Die Schlafzimmertür geht auf.

«Nach unten mit dir», sagt Oma.

Opa saß am liebsten am Küchentisch beim Fenster. Meistens mit einem Kreuzworträtsel.

«Ich bin so dumm», seufzte er manchmal. «Ich weiß so gut wie gar nichts.»

«Na ja», grinste er tückisch, «du und dein Vater, ihr wisst auch nichts.»

Oft erzählte er von seinen Träumen.

«Die Leute glauben, Träume seien Schäume. Das stimmt nicht. Träume haben eine Bedeutung. Immer.»

«Auch, wenn man alt ist?», fragte ich.

«Gerade, wenn man alt ist! Was ich heute Nacht geträumt habe …

Ich saß in einem Hubschrauber. Wir flogen ganz hoch durch die Luft. Plötzlich waren wir in New York. Wir landeten auf dem Dach eines vierhundert Stockwerke hohen Hauses. Es war märchenhaft, Thomas. Die erleuchteten Fenster der hohen Gebäude, so klein, so viel! Manchmal trieb eine Wolke zwischen ihnen vorbei. Und dann plötzlich stürzte ich in die Tiefe. Vierhundert Stockwerke, schneller noch als ein Fahrstuhl. Ich fand es herrlich. Es war viel zu schnell vorbei. Auf einmal saß ich in einer gemütlichen Küche mit einer Tasse Kaffee auf dem Tisch. Und dann war es schön, neben Oma aufzuwachen.»

«Das Letzte verstehe ich», sagte Oma. «Aber den Traum nicht.»

Opa wusste die Antwort. «Heißt nur, dass ich mich überall zu Hause fühle und dass ich einen großen Pott Kaffee will.»

Kurz vor Mittag klingelt es wieder.

Vor dem Haus steht ein großes, graues Auto.

Drei Männer kommen und holen Opa ab.

«Geh du mal draußen spielen», sagt Oma.

Das tue ich natürlich nicht.

Genau wie ein paar Leute, die ich noch nie gesehen habe, schaue ich aus einiger Entfernung zu. Es dauert etwas, bevor die Männer mit einer Tragbahre aus dem Haus kommen. Auf der Bahre liegt Opa. Sehen kann ich ihn nicht, denn er ist in eine grau schimmernde Plane gewickelt. Zwei schwarze Gurte sorgen dafür, dass er nicht herunterfallen kann.

Das macht mich so böse.

Opa in einer Plane, als wäre er ein Ding!

Es ist gemein.

Er ist tot.

Als ob das nicht genug wäre.

Heute Nacht hatte ich einen Traum zum Fürchten», sagte Opa eines Morgens. «Ich musste mit meiner Mutter zu Besuch auf eine Art Schloss. Wir kamen in ein Zimmer mit lauter vornehmen Leuten, denen ich allen die Hand schütteln musste. Sie sagten nichts, sondern guckten mich bloß an, als wollten sie sagen: Was tut dieser Junge hier? Auf einmal spürte ich, dass ich einen fahren lassen musste. Du weißt schon, so einen lauten, krachenden. Gerade, als ich ihn ankommen fühlte, wurde ich wach. Ich war schweißnass und zitterte vor Angst.» Er musste lachen. «Verrückt, was?»

Er legte den Zeigefinger an die Lippen, als Oma in die Küche kam. Als wäre es ein Geheimnis zwischen uns beiden.

Ich sitze gegenüber von Opa, der nicht mehr da ist.
Oma sitzt auf ihrem gewöhnlichen Platz.

Sie hat mir einen Kaffee eingeschenkt, was sie sonst nie tut.

Ich bekomme ein Brötchen, dick belegt mit Kümmelkäse, den ich nicht mag.

Sie guckt und sie spricht mit einem Gesicht ganz ohne Ausdruck.

Sie sagt Ja, wo es Nein sein müsste.

Leute in Geschichten weinen, wenn jemand tot ist.

Meine Oma nicht.

Ich auch nicht.

Ich weiß nicht mal, ob ich traurig bin.

Es ist, als fehlte etwas.

Kein Arm oder Bein oder so.

Etwas innen drin.

Keine Ahnung.

Einmal, als ich bei Opa und Oma wohnte, weil meine Eltern ein Wochenende wegwollten, sagte Opa: «Du weißt, dass ich jeden Tag die Vögel füttere. Vögel sind so schön, Thomas. Die kleinen Grünfinken sind immer zusammen, so wie die Spatzen. Wie eine Großfamilie. Junge Stare schreien einem die Ohren vom Kopf und hören erst damit auf, wenn sie Futter bekommen. Die Dohlen kommen meistens zweimal am Tag. Manchmal rufe ich sie, aber sie sind unheimlich scheu. Amseln nicht. Die schauen dich an, als wollten sie sich gleich in dich verlieben. Aber Tauben finde ich am allerschönsten. Einmal habe ich geträumt, ich wäre eine. Eine Taube mit so großen, grauen Flügeln. Ich versuchte, meine Flügel zu öffnen und davonzufliegen, konnte es aber nicht. Ich stand nach wie vor fest auf dem Boden. Logisch natürlich. Ich bin ja auch nur normaler Mensch. Ich kann auch nicht alles.»

Alles steht noch da: der Herd, die Spüle, die Tassen im Schrank, die Geranien vor dem Fenster, und doch ist alles anders. Es ist, als wüsste die Küche, dass Opa tot ist.

«Er hat so schön dagelegen», sagt Oma. «So friedlich, so lieb.»

«Er hat gelächelt», sage ich.

«Das habe ich nicht gesehen.»

«Er sah aus, als ob er froh wäre.»

«Natürlich war er das», sagt Oma und gibt mir einen Kuss. «Schließlich kam er in den Himmel!»

Meine Eltern sind noch am selben Nachmittag zurück.

Ich bin froh, dass ich nach Hause kann.

Meine Mutter ist sehr traurig.

«Er war so ein netter Vater», sagt sie heiser.

Sie kann ihre Tränen nicht zurückhalten.

Sie schluchzt.

«Oma meint, dass er im Himmel ist», sage ich.

Meine Eltern glauben nicht an den Himmel.

«Tot ist tot, Thomas», sagt mein Vater. «Man schläft und weiß von nichts mehr.»

Für mich ist das ein grässlicher Gedanke.

Wie wenn Opa ganz umsonst gelächelt hätte, als er starb.

Vor wenigen Tagen hatte Opa wieder von einem wundersamen Traum erzählt. Er konnte fliegen. Als er über der Stadt ausstieg und durch einen blauen Raum schwebte, fühlte er sich unheimlich glücklich.

«Träumst du manchmal eigentlich auch von mir?», fragte Oma.

«Nur wenn ich vor etwas Angst habe», antwortete Opa. «Dann bist du immer bei mir.»

«Spinner», sagte Oma und lachte.

«Streitet ihr euch manchmal?»

Ich wusste nicht, weshalb diese Frage in mir aufkam.

«Nein, nie», sagte Opa.

«Na ja …», sagte Oma.

«Streiten sich deine Eltern manchmal?»

«So etwas fragt man nicht», sagte Oma böse. «Das geht einen nichts an.»

Am nächsten Tag gehe ich wie sonst auch zur Schule. Omar holt mich ab.

Wir machen fast alles zusammen.

«Ihr redet miteinander wie zwei alte Männer», sagt meine Mutter manchmal.

Omar ist Muslim.

Ich bin nichts, und darüber reden wir.

Er weiß alles von Gott.

Das heißt, von Allah.

«Das ist dasselbe», sage ich.

Omar bekommt einen Mordsschreck.

«Wo denkst du hin? Allah ist nur für Muslime.»

«Das heißt, wenn es nach Allah geht, darf mein Opa nicht in den Himmel kommen?»

Omar wartet etwas.

Ich denke, er möchte mich nicht verletzen.

«Vielleicht muss er durch eine andere Tür», antwortet er vorsichtig.

Omars Mutter ist bekehrt. Sie ist erst Muslimin geworden, als sie Omars Vater kennenlernte. Sie trägt ein Kopftuch und lange Kleider. Man kann viel mit ihr lachen.

Als wir aus der Schule kommen, steht sie in der Küche und kocht herrliche Kleinigkeiten.

«Für deine Oma und für euch», sagt sie. «Wenn man traurig ist, soll man essen. Gut essen. Das hilft.»

Ich versuche, von Opa zu träumen.

Vielleicht haben meine Eltern unrecht, und er lebt noch ein bisschen oder wohnt irgendwo in etwas, das man den Himmel nennt.

Es gelingt mir nicht.

Ich wache am Morgen auf und weiß von nichts.

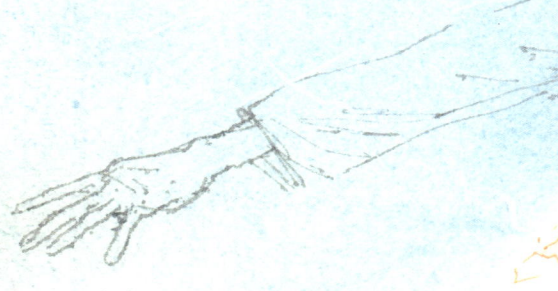

Opa hatte wirklich verrückte Träume.

In einem seiner Träume fing er an zu wachsen.

«Ich wurde immer größer und länger, bis ich alle Häuser überragte. Ich wurde so lang, dass ich die ganze Welt überblicken konnte. Und zuletzt stand ich mit meinem ganzen Körper in den Wolken. Da war es vielleicht kalt! Und so wässrig, dass ich pinkeln musste. Zum Glück bin ich noch rechtzeitig aufgewacht.»

«Ich glaube dir kein Wort», sagte Oma.

«Es stimmt wirklich», sagte Opa. «Ich musste mindestens eine Viertelstunde am Stück pinkeln.»

Opa wird verbrannt.

Mama muss alles regeln. Sie sitzt den halben Tag am Telefon, und den ganzen Tag sucht sie ihr Telefon. Sie lässt es überall liegen. Dann muss ich sie anrufen, damit sie hören kann, wo es liegt.

Opa wird übermorgen verbrannt.

Ich bleibe zu Hause.

Da will ich nicht mit dabei sein.

Aber Omar und seine Eltern gehen hin.

«Es war schön, aber auch merkwürdig», sagt Omar. «Bei Muslimen geht es ganz anders.»

Es ist merkwürdig, aber ich weiß nicht mehr, wie Opa aussah.

Ich habe alles vergessen: seinen Mund, seine Augen, seine Hände, mit denen er fast alles machen konnte. Selbst seine Stimme ist weg.

Es ist fürchterlich.

Egal, wie sehr ich mich anstrenge, ich kann mich an nichts mehr erinnern.

Ich gehe zu Oma, um über ihn zu sprechen, aber es hilft nicht.

Ich versuche, an seine Spiele mit den Streichhölzern zu denken. Mit Streichhölzern konnte er alles: Türme und Häuser bauen, er konnte Puzzles und spannende Mikado-Spiele damit machen.

Ich betrachte seinen leeren Stuhl.

Ich bin traurig und böse zugleich.

Als hätte er mich im Stich gelassen.

Eines Nachts wache ich auf.
Ich habe von Opa geträumt, der eine Ballonfahrt macht.

Sein Kopf und seine Schultern schauten gerade noch über den Rand des Korbes hinaus.

Langsam stieg er auf, hoch in die Luft.

Er winkte und lächelte mir zu.

In seinen Augen sah ich, dass er froh und glücklich war.

Jetzt weiß ich wieder, wie er aussieht.

Die Originalausgabe erschien unter dem Titel «Droomopa» 2018 bei Uitgeverij
Leopold, Amsterdam
www.leopold.nl

Die Übersetzung wurde freundlicherweise durch den
Nederlands Letterenfonds, Amsterdam, gefördert.

N ederlands
letterenfonds
dutch foundation
for literature

1. Auflage 2021

Verlag Freies Geistesleben
Landhausstraße 82, 70190 Stuttgart
www.geistesleben.com

ISBN 978-3-7725-2855-2
Umschlaggestaltung & Satz: Bianca Bonfert
Druck: Grafisches Centrum Cuno, Calbe
Printed in Germany